バルタザール・グラシアンの

賢人の知恵

THE MANUAL OF PRUDENCE
BALTAZAR GRACIAN

エッセンシャル版

バルタザール・グラシアン　齋藤慎子 訳

Discover
ディスカヴァー

はじめに

バルタザール・グラシアンは、十七世紀のスペインで活躍した著述家であり、イエズス会の修道士です。彼の残した著作は世界中で翻訳され、多くの人々に愛読されています。

神学者アルトゥール・ショーペンハウエルはグラシアンの著作のドイツ語訳を手がけ、また日本では森鷗外が部分的な日本語訳を発表しました。哲学者フリードリッヒ・ニーチェは「ヨーロッパはいまだかつて、これほど精妙にして複雑な人生の道徳律を生んだことはなかった」と記して、またショーペンハウエルも「人生のよき手引書である」という言葉を残しています。

そして現代においても、高名なテノール歌手であるルチアーノ・パヴァロッティが愛読書としてグラシアンの書を挙げているなど、欧米では今もマキャベリの『君主論』と並ぶ不朽の名著として読み継がれているそうです。

聖職者の書いた人生訓、というと、皆さんは生真面目で禁欲的、理想的な内容を想像されるかもしれません。しかし全くそんなことはありません。むしろグラシアンが主張し続けたのは、冷静な視点で現実を見つめ、思慮分別と洞察力をもって柔軟に物事に向き合うことです。その背景には、当時のスペインの不安定な政情や社会に対する思いもあったのでしょう。ともあれ彼の教えは、四〇〇年の時を超えて、私たちに自分を高めることの大切さを与えてくれます。

インターネットやテレビによる情報が氾らんし、世の中が恐ろしいほどの速さで移り変わっている現代において、自分を見失わずに成功を手にするためにはどうすればいいのか？　そのヒントがたっぷり詰まっているのが本書です。ぜひあなたの傍らに置いて、ご活用いただければ幸いです。

ディスカヴァー編集部

本書は２００６年12月に小社より刊行された『バルタザール・グラシアンの賢人の知恵』から１８１の言葉を厳選し、文庫エッセンシャル版として再編集したものです。

参考文献

『賢者の教え』（J・レナード・ケイ、経済界刊）

『バルタサル・グラシアンの成功の哲学』（C・モーラー編、ダイヤモンド社刊）

『世界の成功哲学50の名著』（T・バトラー＝ボードン、小社刊）

CONTENTS

II 駆け引きの知恵

III 会話の知恵

IV 真実を見抜く知恵

V 自分を磨く知恵

VI 才能を伸ばす知恵

VII 成功するための知恵

VIII

良く生きるための知恵

I　人間関係の知恵

好ましい人とつきあう

何かしら得るところや、学べるところのある人とつきあおう。人づきあいを、相手から学び、お互いの知識や意見を交換する場にしていこう。持ちつ持たれつの関係であれば、与えることで感謝され、また自分も新しい情報を得て視野を広げることができる。

もののわかった人は高潔な人とつきあい、見栄だけで行動するような人を避ける。有能な人は、偉大さを発揮する人、学術学問に足跡を残すような人とつきあいたいと思うもの。大事なのは知識より知人なのだ。

人間関係の知恵

002

運のいい人を見分ける

運のいい人と悪い人を見分ける能力を磨こう。ついている人たちのそばにいて、その恩恵にあやかるのだ。

一方、ついていない人からは逃げるにかぎる。悪運は無分別な本人の身から出た錆、しかもその災難は伝染するかもしれないのだ。小さな不運ひとつたりとも入り込ませてはいけない。もっと大きな不運をさらに引き寄せてしまう。

トランプでどれを捨て札にするかが勝負の鍵であるのと同じように、人生においては、避けるべき人物を心得ていることが非常に重要だ。聡明な人、思慮深い人に出会ったら、そのそばを離れないこと。幸運はまちがいなくその近くにある。

003

聡明な人とつきあう

聡明な人とつきあえることは実に幸運なことだ。無知や誤解といった危険から身を守り、災難から救ってくれる。野蛮人のように敵国兵士を片っ端から捕えては家来にするよりも、聡明な人に仕えてもらうほうがどれほどいいか！　自分より優れている人に尽くしてもらえるようになれば最高だ。

知識は後々まで残るが、人生はあっという間だ。知識のない人は滅びる。だから、多くの人から学び教わることを厭ってはいけない。

人は自分が学んだすべての賢人の言葉を語り、その努力を通じて自らも賢人となる。これが達成できるのは優れた人物だけだ。まず学び、次に自分の得た知識のエッセンスを教えるのだから。そこまでの知識を身につけるのは無理でも、せめて知識に親しむ努力をしよう。

004

信頼できる人とつきあう

信頼しあえる人とだけ行動をともにしよう。相手が信用に値する人物なら、万が一意見の相違が生じてしまったときでも、その人の行動を予測することができる。信用できる人と議論するほうが、信用できない人を言い負かすよりもずっといい。

落ちぶれた人は失うものが何もなく、守るべき信用もない。こういう人とは真の協力関係を築けないので、かかわりを持たないほうがいい。信用されるからこそ、人は行いを正すもの。信用されない人は美徳も持ちあわせていないのだ。

005

優れた人とつきあう

人は、誰と一緒にいるかで判断される。名高く尊敬されるような人と肩を並べるのは畏れ多い世才ではあるが、たいへん役に立つ才略でもある。敬愛される立派な人と行動をともにしていれば、その威光のおかげで、こちらまで輝いて見えるのだ。

006

自分と対極にある人とつきあう

見習いたいと思えるような人を手本にしよう。尊敬する人に常に接し、その判断力や態度、ふるまいを学びとろう。自分の欠点と対極にある人とつきあうこと。自分が大酒飲みなら酒はたしなむ程度という人たちの仲間に加わり、粗野なら温和な仲間を選ぶのだ。

森羅万象は対比から成っている。対比があるから世界は持続し、しかも美しい。このことを頭に入れて友人を選ぼう。両極端が集まることで、中庸をうまく守ることができるかもしれない。

007

平凡な人とつきあう

自分より光っている人は、それがその人の長所のためであっても、意地悪によるものであっても、一緒にいるべき相手ではない。相手のほうが常に注目や栄光を集め、こちらはそのおこぼれにありつくだけだ。

月が明るく輝くのは太陽が出ていないときだけ。同じように、自分をしのぐような才能ある人と同じ土俵に立つことは避けよう。反対に、自分よりも輝きが弱い人とつきあうようにするのだ。世渡りのコツは、自分より優れた人とではなく、平凡な人と肩を並べて歩くこと。

008

愛想を良くする

親切で心の広い人は、大勢の人々から善意を引き出すことができる。人の上に立つ人はこのことを覚えておこう。

大勢を動かす力があれば、それだけ多くの善を引き起こす力もあるが、仲間が欲しければ自分から仲間にならなければいけない。けちな根性で親切や思いやりを示そうとしない人は、気高さや正義の対極そのものだ。

009

人に好かれる

賢人は、人の好意という後押しがまったくなければ、人生は長く厳しいものだと知っている。多くの人に好かれよう。引き立ててもらったり手助けしてもらったりして、人生という航海の追い風になってもらうのだ。

第一印象が良ければ高い評価を得ることができる。そしてひとたび好意が得られれば、いろいろなものがもたらされる。たとえば勇気、知恵、分別、そして意欲。好意を持ってくれた人はあら探しをしたりしないから、欠点も気にならない。

好意は、家族、同僚など共通の立場にあることから生まれるもの。同じ国籍や民族、性格などがきっかけとなることもある。一度好感を得れば維持するのは簡単だが、難しいのは好意を抱いてもらうこと。まずは人に好かれる努力をしよう。そして、いったん好意を手にしたら、忘れずに活用しよう。

明るい話題を話す

「いつも明るい知らせを持ってきてくれる人」と認められたということは、つまり、良いものを探しだして、みんなに知らせる能力が評価されたということだ。悪いことをあざ笑うのではなく、良いことをほめる習慣がある人は、引く手あまたとなってみんながその意見をぜひ聞きたいと思うだろう。

反対に、悪い知らせばかり持ってきて、なかでも一番悪いことを本人のいないところで言うような人は、しばらくはうまくいったとしても、そのうち周囲から相手にされなくなる。話し相手によってその陰口を変えていることがわかるからだ。

第三者の悪口を言うのは、やはり下手な駆け引きなのである。

011

悪口を言いふらさない

人をだしにして笑ったり面白がったりしてはいけない。悪口を言う人という評判がたってしまうと、みんなに嫌われるからだ。多勢に無勢で、相手は数を優位に、いつでもこちらを圧倒することができる。

唾棄すべきゴシップ屋が立派な人と一緒にいることがあるが、実際にはただ面白がられているだけなのだ。悪口をたたけば、やがてそれが自分に返ってくるということを忘れないように。因果応報なのだ。

012

下品にならない

紳士たるもの、おどけてもいいとき、模範を示すべきとき、人気とりのためにちょっと礼を失してもいいときを心得ているものだ。

ときには大衆に同調することもあるだろうが、決して下品に溺れてしまうことはない。みんなの前で一度でもばかな真似をすれば、その後ずっと陰でそう思われてしまうからだ。人前で笑い者になれば失うものは大きく、一生かかっても取りかえしがつかない。

だからといって、たまに冗談を言うのも思いとどまってしまわないように。距離を置けば人への非難と受けとられ、お堅い奴と決めつけられる。いつでもあまりにも敬虔な人はかえって滑稽に見えるもの。

013

醜聞を避ける

大衆は一人ひとりから成り立っている。それぞれに目があって悪事に気づき、それぞれに口があって各自のやり方で見たことを伝えるものだ。

自分に対する中傷が広まれば、信用に傷がつくおそれがある。とるに足らないような欠点が、誰かの羨望や不信感から噂の発端となり、話が伝わるたびにその噂が大きくなっていくのだ。悪意のある噂話のせいで名声が台無しになることもある。

そういう事態はなるべく避けるよう努めよう。中傷の及ばない場所にいるほうが、すでに起こってしまった災難から抜けだすよりはるかにたやすいのだから。

014

目上の人をたてる

どんな勝利にも衝突はつきものだが、上に立つ人を負かすことはまったく愚かな行為であり、取り返しのつかないことになる。

宝を隠しておくのと同じように、自分の強みも隠すようにしよう。飾らない言動や服装で隠して平然としていればいい。

賢人は相手が誰であれ忠告はありがたく受けとめ、忠告してくれた相手に対して便宜をはかる。星を見習おう。星はどんなに明るく輝こうとも、太陽より目立つことは断じてない。立場をわきまえるのだ。

015

名誉に関わることには踏みこまない

分別に従い、地に足をしっかりとつけるべきだ。人のささいな意見で簡単にぐらついてはいけない。名誉にかかわることで勝つのは至難の業。だから口論は避けるのが賢明だ。

名誉を汚されたと感じると、すぐにかんかんになって反論をまくようなことを興奮のあまり口走るタイプがいる。その手には乗らないこと。その場から去ればすむことだ。わざわざ衝突を受けて立つ愚かな人もいるが、そうならないようにするのは、自分次第である。

人間関係の知恵

016

畏縮しない

人に対する概念を少しずつ緩めてみよう。恐れなければならないほどの高尚な人などいない。誰に対しても、高貴な人だなどと思いこまないように。そうでないと自分の心が畏縮してしまうからだ。いったん話をしてみれば、その偉大さは錯覚だったことがわかるだろう。

誰でも生身の人間で、それぞれ欠点もあれば言い訳もする。人情味に欠ける人もいれば、勇気が足りない人もいる。高い地位の人は、優れているように見えても実質が伴っている人はめったにいないもの。冷静に判断してその思い違いが解ければ、このような人に対しても節度を保って大胆に対応できる。

017

神経質な人とは用心深くつきあう

繊細な性質は、友人や仲間とつきあうのには適さない。すぐにくじける人は、むらがあって意気地がないことを自ら示しているようなものだ。

こういう人は、自分に対して何か悪いことがたくらまれているといつも思いこんでいて、会う人みんなが悪意を持っていると考える。まるで、ちょっと触れるだけですぐに傷ついてしまう眼球のようなものだ。

こういう人とつきあうときは、用心に用心を重ねて行動すること。動揺させたり気を悪くさせたりすることのないよう気をつけよう。たいていは自分本位で、自我を満足させるためならどんなことでもするだろうし、自分さえよければどんな危険でも冒すからだ。

対するこちらは、ダイヤモンドのような人を目指そう。辛抱強く確固とした、丈夫で長持ちする人になるのだ。

人間関係の知恵

018

まわりを困らせる人とつきあわない

ことあるごとに人を不快にさせてばかりいて、自分だけでなく周囲の人まで狼狽させる人は多い。こういう人と無縁でいるのは難しい。どこにでもいるよくあるタイプだからだ。何かにつけ落ち度を見つけ、わからず屋で、さんざん人に迷惑をかけないうちは日も暮れない。

なかでもたちが悪いのは、自分は何ひとつまともにできないのに、人の努力をばかにして悪口を言うことでせいせいしているタイプだ。孤独に暮らしているのはたぶんそのせいなのだろう。

019

強情な人とつきあわない

かっとなると、まず何もうまくいかない。その結果として生じた強情も、同じように具合が悪い。どんな問題も争いに変えてしまい、会話はすべて自分の都合のいいように横どりしてしまうからだ。こういう人は穏やかな心がけに欠け、人と仲良くしようという気持ちがないのだ。会う人はみんな敵で、自分の望みだけをかなえようとたくらんでいる。しかし、結局は何も得られず、何も成就できない。裏表のあることが発覚するからだ。

どんなことをしてでも、こういう人は避けよう。強情な人より、粗野な人のほうがまだましだ。

020

愚かな人に煩わされない

愚かな人が見分けられないなら、自分もその同類となる運命だ。もっと悪いのは、愚かとわかっている相手と手を切れないことだ。愚かな人が周りにいては危険だし、ましてや腹心であったとしたら命とりだ。

人に見張られている間は、愚かな人も教訓を学んだように見せてうまくふるまうかもしれない。だが、結局はひとつやふたつ必ず愚かな行いをして、大騒ぎして事態を悪化させるだけなのだ。評判の悪い人のおかげでこちらの評判が良くなることなどありえない。せめてもの救いは、愚かな人は、賢人にとっての戒めや警告の兆しとなることくらいである。

信頼を預ける人を選ぶ

約束は、お互いに面目を保てる相手としよう。そうすれば、双方が沈黙を守るか、同意の上で破るかのどちらかしかない。これで、お互いが自分のために相手を守ることになる。

相手を信用してこちらの面目を預けてもいいのは、双方にとって危険度が同じで、共通のリスクがあるときだけだ。

相手の気質を見分ける

かかわる相手の気質を見分けることはとても役立つ。内面がわかれば行動を予測できるからだ。

憂うつなタイプは悪いほうに考える傾向がある。悪口をたたく人は中傷に敏感だ。不幸は、良いことを期待できない人を見つけてやってくる。感情が激しく高ぶりがちな人は理性を保って話ができず、真実ではないことを話すかもしれない。

顔色を読みとる術を身につけよう。顔には本心があらわれる。ひっきりなしに笑っている人はみんな浅はかだし、うわさ話が好きな人は単なるおしゃべりか詮索好きかだから避けよう。醜い人は、自然の仕業だと思っているため、自然に文句を言ってけなしがちだ。こういう人に期待してはいけない。

また、美しさと愚かさは表裏一体であることが多いことを知っておこう。

023

人を正しく判断する

人を見誤ってしまうのはたやすく、しかも最悪のことだ。粗悪品をつかまされるぐらいなら、ぼられたほうがまだいい。人の場合はなおのこと、中身を吟味することが不可欠だ。

知識を持っているからといって、人を理解する能力に長けているとは限らない。感情のひだを探り、性質を見分けることは重要な能力だ。書物を研究するように、人もじっくり観察しよう。

024

友情を育む

友は自分の一部であり、分身である。友人同士、積極的に知恵を分かちあおう。

人は、他人が望むとおりになるものだ。良い人だと思ってもらえるように、周りの人を味方につけよう。人生は持ちつ持たれつ。敵に囲まれているより、友に囲まれて生きるほうがいい。日々友情を探し求めよう。友情の種をまき、新しい友を増やすのだ。

025

真の友を見つける

そばにいると便利な友人か、距離を保ったほうがいい友人かを見分けられるようになろう。話し下手でも、文章によるコミュニケーションは抜群な人もいる。友人は、ただ楽しむためにいるのではなく、まさに自分の役に立つためにいてくれるもの。調和のとれた、善良で誠実な人を友人にしよう。

真の友に値する人はそうたくさんはいない。しかも、その価値ある少数を見分けられない人が多い。今ある友情を保つほうが、新たに友人をつくるよりもはるかに大切なことだ。何年にもわたって長くつきあえる友人を選ぼう。新しい友もやがては長年の友となる。個性のしっかりした友人を選ぶといいだろう。

真の友がいれば、楽しいときはもっと楽しくなり、悲しいときは悲しみが薄らぐ。友人は魂にさわやかな風をもたらし、逆境から救ってくれる唯一の存在だ。

026

相手の欠点を受け入れる

醜い顔でも毎日見ていれば気にならなくなるように、仲間の欠点も受け入れよう。

人はみな助けあって生きている。折りあうのが難しく、しかも避けては通れない人というのはいつでもいるものだ。それなら、頭を切り替えて忍耐力を養おう。そうすれば、嫌な人とかかわりを持たなくてはならなくなったときに、あわてて忍耐力を身につけようなどとしなくてすむ。

はじめはうんざりするかもしれない。しかし時がたつにつれ、どんな厄介な人もそれほど気にならなくなるものだ。

027

他人のあら探しをしない

他人の欠点を指摘することは、実は自分自身への指摘にほかならない。自分の欠点を隠そうとして人のあら探しをするのはばかばかしいことだ。誰かれとなく悪口を言う人は口からひどい悪臭を放ち、人のスキャンダルを掘り返せば自分の足元をもっと汚すことになる。

人の悪い行いをいつまでも覚えておくようなまねはしないこと。人に嫌われ、不人情と思われるだけだ。意識するしないにかかわらず、罪をひとつも犯していない人はまずいない。すねに傷ある者は、他人の批評などしないほうが良いのである。

028

他人に寛大でいる

利口な人はつまらない傾向に陥りがちだ。知恵がつけばつくほど、無知な人に対して我慢ができなくなっていく。いったん英知の味をおぼえると、知の不足に満足しがたくなるのだ。

しかし、寛大さは重要な美徳であり、どのように愚かなことでも辛抱できるように訓練しなくてはならない。耐えることで結局は平和と喜びがもたらされるので、我慢も報われる。周りの人の欠点に我慢ができない人は、たいてい自分自身にも我慢ができないものだ。

029

相手の短所に目をつぶらない

知性をはたらかせて、悪いことを見抜こう。たとえ相手が錦をまとい金の王冠を戴いていてもだ。立派な外見も、人間の弱さを隠すことはできない。仕える相手がどれほど立派な人でも、すべて言いなりになるのはごめんだ。地位が高いからという理由で相手の短所に目をつぶってはいけない。また、その欠点を真似してもいけない。なぜなら、地位の高い人であれば多少の愚かなふるまいも見逃されるかもしれないが、それを一般人が真似したところで、こちらの場合は見下されるのがオチだからだ。

030

貸しはとっておく

友人に貸しがあるなら、つまらないことで返してもらわないこと。せっかくの宝をどぶに捨てるようなものだ。この頼みの綱は緊急時のためにとっておこう。運命の嵐にもまれたとき、そのおかげで助かるだろう。

価値あることをささいなことに費やしていては、後に何も残らない。支えてくれる人がいることは大変重要なことで、好意にはたいてい大きな犠牲が伴う。重要な局面で恩返しをしてもらうことは、一生に関わること。勢力ある人が味方についてくれていることは、幸運を持っているよりもずっと頼もしいことなのだ。

031

あまり気安くしない

毎日決まって顔をあわせる人に対しては、気安くしすぎず、相手にもなれなれしい態度をとらせないこと。人に合わせて自分をいったん下げてしまえば、もう尊敬されることはない。そのままでいれば尊敬されたかもしれないのに。

星をよく見よう。あれほどこちらから離れていても、そしらぬ顔で明るく輝いている。対するこの世界では、距離が保たれていれば見苦しいこともありふれたことも隠せるが、遠慮のない関係では筒抜けになってしまう。目上の人と共通の場を持つと危険だし、目下の者と共有するのも好ましくない。

いずれにしても避けるに越したことはない。世間一般と同列に並ぶことはきっぱりと避けよう。こちらが親切にしてもそのありがたみがわからず、当然の権利と思われるようになるからだ。親密な関係は低俗にも通じる。

032

秘密を話さない、聞かない

目上の人と秘密を共有すべきではない。成果の実を分けあっているようで、実は種だけあてがわれているにすぎないからだ。秘密を打ち明けられた人はその後苦しむことが多く、スープをたっぷり吸わされたパンのようにぼろぼろになってしまうからだ。人の急所を握れば鞭となり、その情報はかなりの力となる。

友人同士の秘密が一番危険だ。相手に秘密を話すとその相手の言いなりになってしまい、そういう緊張のもとでは、友人関係はまず続かない。言いなりになったほうが苛立って自由を取り戻そうとし、すべて台無しにしてしまうのだ。

033

無学なふりをする

物事がよくわかっている人は、ときには無学に見せることも本物の知恵であることを知っている。

世間知らずになるのではなく、ただそう見えればいいのだ。無学な人ばかりのなかでは、こちらの知性はあまり役に立たない。相手の立場に立ち、相手にわかる言葉で話したほうが得策だ。

愚かなふりをする人が本物の愚か者なのではない。愚かな役を演じたからといって、間抜けということにはならない。うまくとけこむために、ときには獣の皮もかぶるのだ。

034

人の不幸の犠牲にならない

不運にも消えかかっている人から助けを求められたら、相手はこちらも不運に陥れて憂さ晴らししようとしているのだと考えよう。困難なときに自分の重荷を背負ってもらおうとする人は、好調となるとこちらを鼻であしらうものだ。

溺れている人を助けるときは冷静な態度でいることだ。そうすれば、自分の命を危険にさらさずに救えるだろう。

035

相手に得をしたと思わせる

こちらを助けてくれる人に、得をしたと思ってもらえるようにしよう。そうすれば、与えてくれた相手はまるで自分が報酬を受けとったかのように感じる。

大事なことは、こちらに都合の良いことが相手にとっても好都合と印象づけることだ。このコツをうまく使えば、何かした人も、お返しに何かしてもらったような気になる。誰かと誰かのやりとりで、どちらがどこから得をしたかといったことをうやむやにすることで、感謝の気持ちと満足感を引き起こすのだ。

036

偉ぶらない

高い地位についたり、大勢に対する権限を手に入れたりしてもなお高慢でいるのは、賢人の態度ではない。自分の命令を、まるで毒矢のように部下にかわされたくはないはずだ。

高い地位にある人が役目を果たすには、偉ぶっていてはいけない。ひとたびその地位につけば、いつでも人の相手ができるように配慮すべきだ。いじわるや苦々しい態度は、人と接するときには相応しくない。人から支持されたいと思ったら、まず何より不機嫌な顔やうぬぼれの強さを見せないことだ。

驕れる者久しからず。

037

誰にも借りをつくらない

ひとりで何もかも責任を負うと、あくせく働かなくてはならなくなる。人それぞれに宿命があり、他人に良いことをする人もいれば、逆に、それを甘受してばかりの人もいる。後者のほうが楽だと思うかもしれないが、それではいけない。相手に借りをつくることになるからだ。

束縛がないということは何にもかえがたいものだ。大勢から頼られながらも、自分は誰にも依存しないことである。

ただし、義務と好意を混同してはいけない。力があればもっと他人の役に立てるかもしれないと思ったとしても、それはあくまで義務ではないのだ。相手はあなたに義務を押しつけてくるだろうけれど。

II——駆け引きの知恵

038

黙するときを知る

ことを始めるにあたっては、ちょっと曖昧にしておこう。

相手に手のうちを見せるのは、軽率なだけでなく品位に欠けている。こちらの意図を伏せて、謎めいた様子で気を持たせよう。心の奥底にある個人的なことを洗いざらい話したりしないのと同じだ。

黙するときを知ろう。あまり早く目的がおおっぴらになると、たちまち非難にさらされる。待たせることで、いつも周囲の注目を引きつけておくことだ。その間、あなたは相手を思いどおりにできる。驚異と畏敬の念をもたらす神のように。

039

小出しにする

誰にでも同じ顔を見せる必要はない。どの場面で、誰に、自分のどの部分を見せるかを考えよう。自分の長所は抑え気味にして、どんな交渉でも必要以上に自分をさらけ出さないこと。自分の真価を全部一度に見せる必要はまったくない。そんなことをすれば、もっと知りたいと思う相手の気持ちを奪ってしまう。

いつもどこか控えめにして、別の機会に周囲をあっと言わせよう。いつも何かしら新しい発見のある、興味の尽きない人だと思われるほうがいい。

040

真実をすべて話さない

うそをついてはいけないが、すべてを明らかにする必要もない。真実は細心の注意を払って扱わなければならない。自分の繊細な心から生まれるものだからだ。正直であることも重要であれば、真実をそっとしておくこともきわめて重要なこと。申し分なく誠実な人という完璧な評判でさえ、たったひとつのうそで台無しになる。

うそそのものは裏切りだが、もっと悪いのはうそをついた卑怯者のほうだ。それでもなお、語られるべきでない真実がある。それは自分自身のためでもあり、また、ときには人のためでもあるのだ。

期待を持たせる

いつも相手に期待を持たせよう。そして、その期待以上を目指すのだ。相手に期待されなくなってしまわないよう、計算しながら節度を保とう。

042

自分を大きく見せる

自分がただの人間にすぎないことを明かし、超人的という幻想を砕いてしまうのは完全にまちがっている。

慎重さはあってしかるべきだが、軽率さはあってはならぬことであり、あなたの評判を落とすことになる。一度愚かだと思われたら、中身のある人間だと証明するのは不可能なのだ。

043

すべてを教えない

弟子を教えるときは、すべてを教えてしまわないこと。尊敬や敬愛を失いたくなければ、すべてを分かちあってはいけない。高い地位についている場合は特に、こちらの手腕を頼りにさせて、下からの期待を裏切らないようにしなければならない。

044

相手の弱点を探す

人の考えを変えたければ、その人の弱点を探すこと。相手の心の奥深くにたどり着きたいなら、力づくではなく頭を使うのだ。

誰でも、快楽か名誉どちらかへの願望があるもの。相手を動かしている強い願望がわかれば、その相手の考えを変える鍵はもう手にしたも同然だ。この世に聖人は少なく、たいていの人は俗人だ。相手が夢中になるものが何かわかれば、そこが攻め所。一番の願望は弱点でもあるからだ。

045

秘密を上手に聞きだす

人を言葉で責めたて、その胸の中の秘密を白状させるコツがある。相手の本心や意図を巧妙に探り、何気なく口にしたことでも抜かりなく問いただし、漠然とした疑念を表明するのだ。そうすれば、相手が心の奥深くに隠していることさえ探りだすことができる。

この方法を使えば、相手の口から秘密はふと漏れ、本人の正体が明らかになる。他の方法では絶対に心を明かさないような場合でもだ。疑惑の目で見ることは、隠された情報の鍵をこじあける一番の方法だ。学ぶ人は、教える人を挑発する技を身につけるといい。節度を保った討論は一番効果的な学習方法だ。

風向きを調べる

ことに乗り出す前に、それがどのように受けとめられるか考えてみよう。やろうとしている新しいことが安全だと確信できれば、新たな自信が得られて、さらに元気づけられるはずだ。

前進も白紙撤回もまだ可能なうちに、関係者に打診すること。これは、法律でも愛でも政治でも、いずれにも同じように役立つ知恵だ。

047

利口さを隠す

賢く器用に物事を考えることは大切だが、計算していることを人に悟られてはいけない。目先のきくやり手であることは強みではあるが、そういう小技を駆使していることが知られると、敬遠され軽蔑されるかもしれないからだ。

人に疑われないよう、そつのなさは隠しておこう。こちらの心づもりは秘密のままで、どう進めるか十分に検討しよう。そして、確信を持って計画を実行すればいい。

048

平静さを保つ

自重する心を持とう。どんなときでも激情に流されてはいけない。感情が強く揺さぶられるようなときでもバランスを保てることが、本当に偉大で気高い人の証しだ。激しすぎる感情は頭も心も煩わせ、弱らせてしまう。感情にまかせてものを言ってしまうと、評判を落として取り返しのつかないことになる。

反対に、自制心は人を強くしてくれる。どんなことがあっても、たとえ最悪の災難やとんでもない事態の展開があっても、平静さを失ってはならないのだ。

049

ちょっとした欠点を見せる

ときには弱みを見せることで、逆に優位を保ちやすくなる場合もある。妬みを買うと後でしっぺ返しがある。嫉妬深い人は申し分のない人に当てつけを言うものだ。

いつも分別を保ち、知性や美徳の面では完全無欠を少し緩めるといいだろう。嫉妬を和らげて、その弊害が突然身に降りかかってくるのを避けるためだ。嫉妬に狂う相手にこちらの弱みをちらつかせれば、不朽の名声が保てるかもしれない。

050

同意しているふりをする

まずは相手の考えに同意しているように思わせておき、その間に相手を負かす機会をうかがおう。相手の望むものを手に入れているように思わせておきながら、実際にはそれを上回るための布石を打っておくわけだ。

この戦法は、衝突の危険があるときは特に役に立つ。こっそり前進しよう。

051

正しい立場で議論する

相手の主張が正しい場合は、ただ対抗せんがために議論してはいけない。相手は正しい側にいるわけだから、半ば勝ったも同然。こちらがその逆につくことは面目を失うことになるだけだ。このことは、口先だけでなく行動も伴うようなときに特に重要だ。過った行動をとれば命取りになるからだ。

相手と同様、正しい側につこう。この思いがけない協力に驚いた相手は、こちらに逆らうためにまちがった側につくかもしれない。そうなれば、今度はこちらが優位な立場にいるので必ず勝てる。相手を有利な立場から引きずり下ろす唯一の方法は、正しい立場で議論して、相手にその立場を捨てさせることだ。

052

相手の欲望を利用する

哲学者は欲望など一蹴するかもしれないが、政治家は欲望こそすべてだと知っている。この点では政治家のほうが利口だ。人の欲望をうまく利用し、自分の目的への足がかりとすることを知っている。

欲しいと思っている間は力が湧いて活発だが、手に入れてしまえば惰性的になるものだ。相手の欲望をうまく利用すること。相手が欲しいものは入手困難であることを強調して、その欲望をもっとかき立てよう。そうすれば、相手をこちらのペースにうまく持ってくることができ、目的達成に役立てられる。

053

つかみどころがないと思わせる

自分が理解できることはごく普通に思えるから、ほとんど関心を払わないものである。反対に、自分の理解をやや上回ることや完全には把握できないことに、人は敬意を払う。貴重品が貴重なのは、高くつくからだ。

人と接するときは、相手の尊敬を勝ちとるために、相手より聡明でそつなく見えるように心がけよう。あまりあからさまでも度を過ぎてもいけないが、相手をこちらの真意の解釈で手いっぱいの状態にすれば、批判の余地を与えなくてすむ。

得体のしれない価値のある人という期待が続くかぎり、相手はよくわからないながらも称賛してくれるはずだ。

054

与えすぎない

あまり人に与えすぎないこと。相手はお礼のしようもなくなってしまう。こちらにちょっと感謝してくれる友人を持つのはいいが、それが重いツケになってしまうと、友人は逃げるか、敵に回ってしまうかもしれない。借りがある人は、いつも目の前に貸し主がいることに耐えられないはずだ。

元手がそれほどかからなくて、相手の欲しがるものを与えよう。受けとった人に大切にされるものであることが重要である。

055

愛しすぎず、憎みすぎない

いつまでも愛さないこと、そしていつまでも憎まないこと。今日の友が明日は一番の敵になるかもしれない。このことを理解しておけば心の準備もできるはずだ。

たとえ友が裏切り者になったとしても、攻撃しないこと。そして同時に、敵と和解する望みも持ち続けよう。昨日は報復に燃えていたのが今日は苦悩となり、自分のした仕返しを悔やむことになるかもしれないからだ。

056

力よりも知恵を使う

力で目的を達成できなければ、頭を使おう。譲歩すべきときがわかれば、戦いは半分勝ったも同じ。勇気の道を行くのをあきらめても、知恵の道が残されている。力より知恵を使ったほうがより多くを手にできるもの。勇者より賢人のほうがうまくいくことが多い。

最終的に目的を達成できないときは、そもそも望んでいなかったふりをすればいいのだ。負け惜しみも知恵のうち。

057

恐れずに自分の意見を言う

斬新な意見を述べ、恐れずに反論しよう。いつも同意ばかりしている人は尊敬されず、逆に自分の意見を大事にし、それを口にする人が尊敬される。

また、ごますりを蔑み、だまされないこと。いつか必ずその見返りがあるのだから。

058

ゆっくりと退く

対立がまさに極限状態に達すると、名声も粉々になる。誰もが敵に見える一方、味方の可能性があるのはほんの数人だ。よくしてくれる人はほとんどいなくて、誰もが危害を加えてきそうに思える。

かつての友人同士が互いの一番の敵になることがある。実際は自分の落度でも、互いに相手のせいにしあうのだ。友人と袂を分かたなければならない場合は、もっともらしい口実をつくって、自然に友人関係が冷めるにまかせること。怒りのあまり関係を壊して心を痛めるようなことは避けよう。ゆっくりと秩序ある態度で退くのだ。

059

競争相手を味方に変える

誰かがあなたを傷つけようとしてこちらを狙っていることがわかれば、それを避ける方法はある。そのほうが後で仕返しをするはめになるよりずっといい。

競争相手となりそうな人を味方に変えよう。自分を傷つけようとする相手に、自分の名誉の後ろだてになってもらうのだ。どうにかして相手に恩を売り、あなたを脅かすはずだった相手の精力をこちらへの感謝の気持ちに変えればいい。苦痛を喜びに、悪意を信頼に変える方法を身につけよう。

III
会話の知恵

060

わかりやすく、はっきりと話す

人と話すときは感じよく、わかりやすく話すようにしよう。

伝えたいことを心の中に抱くのは簡単でも、言葉にして生みだすのに苦労する人がいる。知の産物、つまり考えや意見には、生みの苦しみがともなって当然。大きな図体の割にほんの少ししか中身がないような人もいれば、思った以上に多くのものをとうとうと話す人もいる。

はっきりと話す人は評価され敬われる。きちんと理解されるからだ。平凡に見られまいとしてわかりにくい言葉で話す人は理解されにくい。話し手自身がちゃんと理解していないことを、聞き手が理解できるはずがない。

061

穏やかに話す

穏やかな言葉には心の優しさがこもっているが、厳しい言葉は心を突き刺す。相手をはげます言葉で穏やかに話せば、敵でさえ態度を軟化させることがある。この大切なことがわかっている人は、まさにその雰囲気を売ることができる。

人に好かれる唯一の方法は、感じよく話すことなのだ。

062

いつも礼儀をわきまえる

礼儀正しい人物との評価を得たら、それだけで好感を持ってもらえる。人と人を結びあわせているのは、何よりもていねいな言葉づかいだ。それさえあれば、たちどころに敬意を集めることができる。

無作法なふるまいはあっという間に不評を買う。対立する相手に対しても礼儀正しくふるまうよう努めれば、豪胆な人物と評価される。相手と自分自身がともに面目を保つ簡単なコツだ。礼儀にちょっと気をつけるだけで、出会いの後もずっとうまくいくようになる。

063

ときには強い感情を表に出す

ぜんぜん怒らない人というのは、どう見ても人間味に欠ける。強い感情があることはとても大事なことだ。すぐに鳥の遊び場になってしまうかかしになってはいけない。厳しくしたり優しくしたりすれば、面白味のない人間だと思われないですむ。

ひたすら優しくするのは子どもと愚か者に対してだけで十分。それ以外の人に純粋に優しくしたところで、相手は何も感じないのだからうんざりするだけだ。

064

誇張しない

大袈裟なもの言いは絶対に避けるべきだ。誇張はたいてい事実そのものではないわけだし、ばかばかしい意見だと思われるのを避けるためでもある。話に尾ひれをつければ、話す内容は品に欠けてしまい、たとえそれが正しい見解であっても相手にはそうは思ってもらえない。

人も物事もほめちぎれば期待は非常に高まるが、期待はずれだった場合、ほめられたほうもほめたほうも値打ちを下げることになる。控えめにし、節制に努め、意見は慎重に調整しよう。誇大表現はうその一種。誇張して伝えれば、正しい判断力のある人という評判も危うくなるだろう。

065

批判しない

非常に後ろ向きで、何かにつけて良くないところを見つける人がいる。意地悪でそうしているのではなく、すべてに関して悪い面に目がいく性質なのだ。こういう偏狭な心の持ち主は、自分のしたこと、あるいはしようと思ったことでも、誰かれとなく非難する。餌食を執拗に窮地に追いつめるのだ。

そうではなく、広い心で批判的にならないよう心がけよう。何に対しても前向きな解釈を見いだすのだ。たとえば、期待した結果が得られなくても意図は良かった、というように。

066

自分のことは語らない

自分のことを話すとなると、自画自賛か自己批判かのどちらかになってしまう。ほめれば自慢になり、けなせば気の弱い証拠と映る。どちらに転んでも、聞いているほうも自分も居心地が悪い。

普段の会話でも仕事の場面でも、個人的なことを口にするのは避けること。大勢の前で話すときは特に気をつけよう。同じように、その場にいる人のことを話題にしないほうがいい。お世辞か批判にならざるをえないからだ。いずれも度を過ぎるとためにならない。

短気を起こさない

常に冷静で自尊心を失わない人は、言葉のぞんざいな相手にも煩わされない。自分を自在にコントロールできるようになれば、本物の自由意志を手に入れたも同然だ。

激しい感情に支配されたとしても、仕事に支障が出ないようにしよう。そうすれば高い評価が確立できるだろう。

一生後悔しそうなことは、一切口にしてはいけない。

068

簡潔に話す

簡潔に話せば、聞き手が喜ぶだけでなく、もっといいことがある。手短に表現することで、良いことはさらに良く、悪いことはさほど悪くないように相手に伝わるのだ。

無駄口をくり返していると、本当は何もわかっていないと人から思われるのがオチだ。人をうんざりさせるタイプは仲間にとっても邪魔者なので、気がついたらのけ者にされているだろう。また、目上の人にとってけむたい存在とならないように気をつけること。目上の人をいらいらさせることは、すべての人をいらいらさせるくらい迷惑なことなのだ。彼らの貴重な時間を奪ってはいけない。

言うべきことがあれば、それらはすべて簡潔に言うべきなのである。

069

核心に迫る

誰もが物事の中心にいたいと思っている。にもかかわらず、無益に周辺をうろつくばかりで、うまくいかない人は多い。

口先だけで、核心を避けていては時間の無駄だ。重要な点にまっすぐに向かい、注意を集中させよう。

070

笑顔で受け流す

もめごとを避けるために、すばやく機転をきかせて気のきいたことを言う必要に駆られることもある。きわどい会話の錯綜からうまく逃れる才能は非常に役に立つ。どんなに辛辣な場面に直面しても、笑顔と余裕ある態度で受け流す術を身につけよう。話題を変えるのだ。

礼儀正しく断る

上手な断り方は非常に重要な技術だ。いつでも全員を満足させることはできない。時間の無駄になるだけで、何のためにもならないようなことは敬遠しよう。

そのためには、まず礼儀にかなった言い方を身につける必要がある。始終拒否していてはその効果も薄れ、後味を悪くすることになる。時にはていねいに断ることは、いつも生半可に同意するよりもいい。

ただし、きっぱりと完全に断ってはいけない。上司には敬意を払うべきだし、断る中にも望みの余地を残してあたりを和らげるのだ。

同意の代わりに礼儀正しい態度とていねいな言葉で自分の真意をまちがいなく伝えよう。「承諾」も「拒否」も口にするのは簡単だが、しかしその伝え方をもっとよく考慮するべきだ。

真面目さを失わない

機知や冗談は限度を超えてしまうと、言った人間が笑い者になる。控えめに賢く使えば笑われずにすむのに。生真面目な人のほうが、冗談ばかり言う人よりも常に高い評価を得るものだ。冗談ばかり言っていると、うそつきと思われるかもしれない。話している内容のどれが本当なのか、聞いているほうはまったく確信が持てないからだ。

自分の意見は、真面目に考えた上でのものだと人にわかるようにしよう。その場かぎりのごまかしでけむに巻いてはいけない。からかってばかりいては嫌がられる。皮肉屋と評されるより、冷静で思慮深い人と評価されるほうがいい。

ユーモアは時と場所を選ぶ。それ以外はいつも真面目でいること。

073

聞き手を置いてきぼりにしない

聞き手が不快感を示しているのに、話し手自身が自己満足していて何になるだろう。自分の最良の聞き手が自分というのは、まことにばかばかしいことだ。話し手と聞き手を同時にこなそうとしてはいけない。

また、話すときにやたらと「前にも言ったように」とか「今まさに言おうとしていたのは」などを連発するのは聞き手をうんざりさせるだけだ。話すたびにいちいち承認や賛同を求めないこと。聞き手をいらいらさせることになる。

074

真剣に話す

平凡な人間と思われないためにおどけて話すのかもしれないが、あまりいい考えではない。おどけた態度も平凡な態度も、ともに自分の信用を傷つけてしまう。

真剣さを欠けば、とたんに愚か者に見られる。面白い猿真似は、さしあたっては人を楽しませるだろうが、後で軽蔑され無視されるのは自分だ。

075

すぐに信じない

慎重な人は、耳にしたことをすぐには信じない。世の中にはうそが多く、信じられることはめったにないとわかっているのだ。人の言うことを信じる前によく考えるべきだが、かといって疑いの色をあまりあらわにしてはいけない。侮辱されたとか、うそつきの烙印を押されたなどと思われたりしないためだ。話し手がこちらの分別を信用してくれているときは、判断は差し控えるもの。

うそは言葉だけでなく行動にも潜んでいる。こちらのほうがずっと危険なことを忘れないように。

076

言葉に気をつける

対立する相手の前では話す内容に気をつけよう。そして、誰に対しても礼儀正しくすること。一度口にしたことを撤回するのは難しい。だから、発言は絶対に慎重にすること。口数が少ないほど受ける非難も少なくてすむ。控えめであることは神聖であること。一方、べらべらとしゃべる人はそのうち言葉につかえて失敗するのだ。

077

真実を上手に伝える

明らかに危険はあるとしても、真実を語らなければならないときがある。そのとき、真実を正しく伝える特別なコツがある。誰かがつらい思いをするような真実なら、和らげるのだ。ある人にとって嬉しい真実も、別の誰かにとっては悪い知らせとなるかもしれない。礼儀正しく、今のことでも過去に置き換えて話すのだ。相手の理解が早く、ほのめかすだけで十分な場合には、その手を使おう。

ありのままを知らせないほうがいいときは、真実をねじ曲げることも必要なのだ。

078

相手の本心を考えながら話す

精いっぱい親切で言ったつもりなのに、まちがって仲間を不快にさせてしまうことがある。相手の本心を見分けるようにしないと、いらいらさせてしまうかもしれないし、ほめたつもりが侮辱ととられてしまうこともある。

相手の気持ちを読みとって、的確なコメントをしよう。たいていの場合、みじめな気持ちにさせるよりも、満足させるほうが簡単なのだから。たとえていいるつもりで、精神的打撃をとうとうと与えてしまえば、罰せられても当然だ。

079

人に頼むときは、タイミングを考える

ものを頼むのがとても苦手な人もいれば、ごく自然にできる人もいる。また、頼まれたら絶対にいやと言わない人もいるし、いつも決まって端から断る人もいる。

後者に頼みごとをするときは、タイミングを考えなければならない。気分転換して機嫌のいいときを狙い、相手がこちらの用向きを見越している場合は避けること。機嫌がいいときは気前もいいものだ。

断られたばかりの人や、ひどく悲しんでいる人に何か頼みごとをしても無駄だ。こちらからお願いする前に、そういう人には親切にしよう。心のさもしい人でなければ誰にでも効くはずだ。

弁明しすぎない

弁明しすぎないこと。たとえその必要がある場合でもだ。弁解のしすぎはよからぬことをしたからだと思われ、弱点や不健全さの証明となってしまう。誰かに疑われているのではと気を揉んで、あらかじめ弁明するような真似はやめよう。それは、自分の生き方そのものを自分で疑うことになるのだ。

IV——真実を見抜く知恵

知識と勇気を持つ

知識はすべてを可能にする。知識がなければ、この世は闇だ。ただし、勇気を伴わない知識は無力だ。逆に勇気さえあれば、知識は不朽のものとなるだろう。

082

感情を大切にする

頭と心は、どちらも知性の根幹を成す。どちらを否定しても幸福は半減する。

理性と観念の世界だけで生きていこうとするのは愚かなことだ。感情もかけがえのない人生の要素であり、それなしで社会的地位を得たり、仕事や人づきあいをこなすことはありえない。

083

よく考える

何かをいつも考えるくせをつけよう。無分別な人が手に負えないのは、物事をあらゆる側面から検討しないために全体像が理解できないからだ。理性的に考えることで、状況は正しく判断できる。

ただし、さほど重要ではない細部にこだわりすぎると、判断や行動を誤ることになる。深く隠れていた真実が表面化するのを待ってさえいれば、やがてすべてが理解できるようになることも多い。

084

相手の立場で考える

人はそれぞれ自分が正しいと思うことに基づいた立場をとり、自分の信念をさまざまな方法で正当化する。

ある問題で二人の意見が対立したとき、それぞれが正しいのは自分だと信じているが、道理に二面性はありえない。相手の見解を批判するときは用心して、反論は控えめにしよう。相手の立場に立ってみて、相手の意見を理解するよう努めるのだ。相手の立場から問題を検討してみれば、相手を完全に非難することも、こちらの根拠を全面的に擁護することも難しいことがわかるものだ。相手の立場でしばらく考えよう。

085

質を重視する

手をひろげることよりも、集中することのほうに価値がある。どんなものでも、「最高級のものを少しだけ」が一番だ。量が多ければどんなものでも価値が下がる。堂々たる偉人もたいてい肉体的には小柄だったりする。

本は重さで評価するものではない。本は精神を鍛練するもので、持ち上げて腕力を鍛えるものではないのだから。サイズや量自体に本質的な価値はない。あれもこれもと欲張っては何も達成できない。大勢の中で際立つのは質次第。人の中身は重さでは量れないのだ。量より質、である。

086

本質を見通す

よく観察して正しい判断を下せる鋭い能力があれば、常に人の上に立てるはずだ。また人や物に振り回されず、その両方をコントロールすることもできるだろう。

相手の核心をきちんと見据え、その本質を見通し、完全に理解できるよう自分を磨こう。よく見ることで、人の心の奥深くに隠されたものもすべてわかるようになる。透徹した洞察力があれば、人が隠しておこうとすることもすべて見通すことができるのだ。

087

判断力を磨く

人生には選択を迫られることがよくある。そういうときは知識や知性だけでは不十分。正しい判断力と見きわめる力が絶対に必要だ。

ただ選ぶことと、より正しい選択をすることは別の能力だ。経験豊富で鋭く分別もあるような人でも、判断を誤ることはままある。知性を鍛えるとともに、正しい判断力を養うべく自分を鍛えよう。

ただし、かといって、あなたが受け入れなかったものをあらかた排除してしまうのは行きすぎである。評価や判断を下しても、それを周囲に強いるのは愚かなことであり、それはもう病癖だ。

情報を鵜呑みにしない

人は耳にしたことを信用しがちだが、耳は真実を受け入れにくく、うそを堂々と通してしまう。

真実は目で確かめて理解するもので、人から聞いて理解するものではない。伝聞にはたいてい先入観が混ざっている。時間がたって伝わってくる場合は特にそうだ。人から聞く話は、伝わってくる過程で話し手の感情や意見によってねじ曲げられてくる。

だから用心して褒貶ともに耳を傾けなければいけない。その情報は誰から伝わったものかによく注意し、その人の立場をあらかじめ知っておくことが重要だ。真偽の判断はよく考えてからにしよう。情報の出所に注意するのだ。

089

第一印象にだまされない

最初に聞いた話を信じてしまいがちな人は多い。後から耳に入ることは眉唾物に思えても、実際にはより真実に近いかもしれないのだ。真実を押しのけて、のさばるホラ話に気をつけること。こういう虚言には警戒しないと、無意識に悪口を受け入れてしまい、悪意ある人の巻き添えにされてしまう。

だから、第二、第三の印象も受け入れる余地を残しておかなければならない。それができないのは判断力に欠けているか、感情に流されやすい性癖であるかのどちらかだ。

090

常に自分の内面と向きあう

自分の気質、能力、判断力、感情を正確に評価しよう。自分を知ることが自己改善の第一歩。容姿は鏡で確かめられるが、心までは映らない。だから慎重に考察して、自分自身を丹念に調べるのだ。

鏡に映ることは忘れて構わないが、欠点を直し短所を改善するには、内面にあるものをいつも忘れずにいること。日々、調子と達成能力を自問しながら、自分自身と心の資産の棚卸しをしよう。

091

利口さよりもまず良識を備える

ちょっとした良識があるほうが、あふれんばかりの利口さよりも重要だ。これは商売を営む人にも公職についている人にもいえる。良識があるからといってほめられることはないかもしれないが、良識があれば、結局は賢人たちに認められることになる。彼らの意見は、成功への真の物差しとなるのだ。

092

思慮分別だけは欠かさない

思慮分別は理性の府、用心深さのよりどころだ。うまく使いこなせば成功を手に入れるのはたやすい。神から賜った天分として崇めるべきものだ。甲冑ひとそろいのごとく、思慮分別は人にとって欠かせないものであり、これを欠く者は人間として未完成である。他のことで過不足があっても、その不足は人の未熟を云々するものではなく、単に人としてより好ましいかどうかに関わるものだ。

すべては思慮分別にかかっている。それはまさにあなたを正しい道へと導いてくれるものだ。

093

何事も十分に検討する

まちがいがないか確認するため、決めたこともすべて見直してみるのが慎重な態度だ。自分の判断に不満を感じる場合は、見直し作業にとりかかろう。当初の判断を軟化、あるいは強化するのだ。再検討しているうちに、自分の価値判断の是非を決めるような新たな情報が出てくるかもしれない。

何か頼みごとをされたときも、よく考えてから判断を下すほうが、結果的にいっそう感謝されるだろう。依頼を断らなければならないという場合でも、痛手を和らげるために先延ばしにしたほうがいい。

また、たとえ緊急で判断をしなくてはならない状況に直面しても、十分に時間をかけてから結論を出そう。あらゆる角度からしっかりと検討すれば、問題点や不備な点が出てくるかもしれないのだから。

094

良いところを見つける

どんなに不快な物事にも良い面はあるものだ。正しい判断力で良いところをすぐに見きわめよう。蜜蜂は甘い蜜にまっすぐに向かい、毒蛇はその苦い毒に酔いしれる。人も同じだ。良いところに目がいく人もいれば、悪いところに目がいく人もいる。

良いところがたくさんあるのに、そこからたったひとつの欠陥を見つけだす天才も中にはいて、その欠陥をあげつらう。何とも情けないこの人たちは、そのまずい選択をした罰を受けているのだ。欠点を探し回るのではなく、どんなことにも良いことのかけらを見いだせるほうが幸せなのに。

どれほど不運であっても、その中にまばゆく光る幸運をひとつ見つけよう。たまたまそこにあっただけだとしても、その幸運に着目するのだ。正しい判断と選択をしたことで必ず報われる。

095

大言壮語にだまされない

友人、知人を判断するとき、口先だけの人物か、行動も伴う人物かを見分けることが絶対に必要だ。品性に欠ける言葉はそれだけで望ましくないが、しかし、口先だけ品がよくても行動が不道徳なのはもっと悪い。言ったことは実行すべきで、そうでなければ発言にはまったく意味がない。口先にだまされてはいけないのだ。

中身が備わった人は十分信頼できるし、周囲にとってなくてはならない人だ。大言壮語で得意げになっているのは気取った人だけ。実を結ばないうつろな木と同じなのだ。

096

自分の愚かさに気づく

この世は愚かな人間だらけ。賢人といえども、天国の賢人と比べればやはり愚かなのだ。

愚の骨頂は、自分の愚かさに気づかないで人を愚か者呼ばわりすること。

真の賢人は、ただ賢そうに見えるだけでなく自分の無知に気づいている。

097

理性を失わない

興奮のあまり筋道立てて考えられなくなり、危険な状態に陥ってしまうことがある。ほんの一瞬かっとなっただけで、後悔の日々が続くことになる。感情的になって犯した過ちを正すのに一生かかるかもしれない。

こういうとき、相手がこちらの弱みに気づき、そこを突いて理性を失わせようとするかもしれない。だから、そういう事態から身を守るための自己抑制が不可欠だ。軽い気持ちで口にした言葉も、受けとめた人にはとても重くのしかかることがあることを忘れないように。

098

感情をコントロールする

感情を突然爆発させるのは決して自分のためにならない。できるときはいつも、自分の抱えている感情を冷静に見つめ直してみよう。用心深い人なら難しいことではないはずだ。

とりわけ激しい感情をコントロールするには、自分にそういう感情があることをまず自覚すること。次に、ある程度までは自由にさせて、そこまでにすること。特に周りの人が落ち着きを失っている場合、落ち着いている自分はますます立派に見えるはずだ。かっとなるたびに、理性ある人という評価が一段下がる。自制心を保とう。

099

極端をさける

良いことでも悪いことでも、極端なのはよくない。正も過ぎれば邪となる。過ぎたるは及ばざるがごとし。喜び過ぎて気力を使い果たしてしまわないこと。

バケツに血が混ざるまで牛の乳を搾ってしまってはいけないのだ。

100

商売感覚を知る

いつも言い値で我慢するのではなく、進んで交渉しよう。知性があるのは大変結構なことだが、売り買いの場でだまされないためには世渡りの才能も必要だ。

非凡なものが見分けられる人でも、ごく普通のものとなると見る目がないことはありうる。高尚なことばかりじっと考えていて、日常生活に必要な知識の入る余地がないとこうなるのだ。このように学識豊かな人も、商いの世界では交渉できないとなるとばかにされてしまう。

だまされたり笑われたりしない程度の商売感覚は身につけておくこと。人生における究極の目標が商売とは関係なくても、日常生活に適応することは重要だ。知識がたくさんあることも大事だが、肝心なのはそれを機能させることだ。

最新の意見に翻弄されない

ロウのようにすぐ感化される人がいる。以前あったことに簡単にとって代わるような最新ニュースに翻弄されてしまうのだ。これでは意見が理不尽な極端に走るだけで、毎日違う人の言うことに、羊のように従うことになる。

こういう習性では、何も得られない。新しい情報が入ってくるたびに色も形も異なるのだから。絶えず変化する状況にためらって、ぐらついてはいけない。意見は簡単に変えないこと。

人らしくふるまい、神のように見抜く

これが神の法則であり、自明の理である。

103

悲しみは水に流す

水に流せるかどうかは要領より運の問題だが、ぜひ身につけたい技だ。本当は記憶に残しておくべきことを水に流すのはとても難しい。意識的に記憶を鍛えよう。楽しく気持ちが安らぐことだけ思い出し、嬉しいことに意識をおくようにするのである。

記憶の使い方次第で、この世は天国にも地獄にもなる。水に流すことが悲しみを癒やす唯一の方法という場合もあるのだ。

104

世間が認めているものにけちをつけない

世間から愛され大勢の人を喜ばせるものなら何でも、たとえこちらにはその良さがわからなくても、どこかいいところがあるはずだ。ひとり意見を異にすると怪しまれるし、まちがっていればばかにされる。人がありがたがっているものにただひとりけちをつけると、こちらの判断力やセンスが疑われるのだ。

人が選んだものの良さがわからなくても隠しておき、あからさまに批判しないこと。過った選択をするのは無知だからで、みんなが認めるものにはその価値があるか、あるいはそうあって欲しいと願うものだと心に留めておくこと。

105

幸運を受け入れる

賢人は、たくさんの幸運を受け入れることのできる度量を持っている。成功に貪欲であり続けよう。そうすれば、その度量はいっそう広がっていくものだ。

度量の小ささゆえに、人生で大きなことを成し遂げられない人もいる。成功を詰めこみすぎるあまり、消化不良を起こしてしまうのだ。不慣れであるがために幸運を吐きだしてしまい、結局その幸運は自然と、受け入れる余地のある人のところに集まっていく。

すでに多くを手に入れている人も、さらなる幸運を享受できるよう努めよう。もし気持ちが乗らないときがあっても、その気配を外にあらわすべきではない。

V——自分を磨く知恵

106

勇気を出す

勇気は心の要。体力が肉体の要であるのと同じだ。勇気は心を守り、魂が傷つかないよう守ってくれる。どれほど知力に恵まれていても、勇気がなければ本当にやりたいことを達成できないまま一生を終えることになる。

譲歩してはいけない。わかりきった結果になるだけだ。そうではなく、どんな困難にも立ち向かう勇気を持って、確固たる態度を貫こう。くじけないことだ。勇気は勇ましい姿よりもしっかりと役に立つ。

快活でいる

快活であることは、度さえ越さなければひとつの強みであり、決して悪いことではない。ちょっとしたユーモアはまさに絶妙の醍醐味。教養ある人は楽しむべきときを心得ていて好感を持たれる。

ただし、みっともない真似や礼儀作法からはずれるような行き過ぎた真似は決してしないこと。物事が深刻にならないよう、配慮すべきときを見分け、きわどい場面もちょっとした冗談で方向転換できるような能力を養おう。いつも快活な人はみんなに好かれる。

話し方や作法をたえず吟味する

会話は日々行うことだが、もっとしかるべき配慮がなされるべきだ。人は会話を通して判断されるのだから、その一長一短について注意を払おう。手紙を書くときにしっかり推敲するように、普段の会話もたえず吟味するべきだ。

昔の人が言うとおり、「話せば人となりがわかる」。服装のように、会話も形式ばらず、あまり堅苦しくないほうがいいという人もいる。友達同士ならそれもいいだろう。だが、敬意を払ってもらう必要があるときは、その場の礼儀作法や規則に合わせるべきだ。そこでの主流となる話し方に注目して採り入れよう。話し方のせいで内容が疑われてはいけないからだ。

また、人の意見を受け売りしていると思われないように気をつけること。さもないと、人の意見を聞くのが難しくなるだろう。思慮深い人のほうが雄弁な人よりいつでも好まれる。

109

慎重になりすぎない

心には危険の大小を見分ける確とした能力がある。だから安心して自分の衝動を行動に移すのがいいだろう。

長く待ちすぎているうちに後から別の知恵が出てくると、事をややこしくするだけで、たいていうまくいかない。あまり慎重になりすぎずに行動する人のほうが成功するものだ。用心深く、かつ素早い行動をとれるようになろう。

110

外見を磨く努力をする

外見は善意を得るためのきっかけになる。利用すべし。見てもらう機会がなければ、その真価は十分に発揮されないのだから。

これは運の部分も大きいが、外見も芸と同じで、磨くことができる。土壌が肥えていれば、肥料によってもっと促進できるのと同じだ。大衆の注意を引きつけ、味方になってもらおう。

人のために行動する

人気があるのは良いことには違いないが、もっと大切なのは、心からの親愛の情を得ることだ。これには運や星まわりもある程度は関係してくるが、大部分はまったくの努力次第。つまり、ある能力を持って生まれてきても、それを引き出す努力は自分次第ということだ。

いくら才能や能力があっても、それが誰かのために発揮されなければ何の意味もない。人のために行動しよう。そうすれば、やがて自分にも正しい行いが返ってくる。

自分が愛することで、人からも愛されるのだ。

信念を貫く

正義に確固とした信念を置いている人は、激しい反対にも、金切り声で抗議する大衆にも決して屈服しない。理性で自分の立場をしっかり守れるからだ。

真の正義に全身全霊をささげてもいいという人はごくまれだが、そのふりをする人はたくさんいる。政治家は正義を叫ぶかもしれないが、最後には裏切る。

何があっても正直を守りとおそう。本当に正直な人は、誠実さを気まぐれに変えたりしないし、背信行為もありえない。それどころか、真実のあるところならどこへでも向かう。

113

憎しみを抑える

人を嫌って満足するような真似はやめよう。人は、よく調べもせずに軽率に判断を下しがちだ。それも人間らしさかもしれないが、理性で抑えようと努力する価値はある。憎悪は自分の真価を下げるだけ。自分より優れた人に向かう場合は特にそうだ。

覚えておこう。偉大な人に共感することは自分の成長につながるが、憎悪は自分の評価を落とすことになるということを。

中身のある人間になる

重要なのはその人の中身だ。見た目よりはるかに多くのものをいつも内面に備えておこう。

見かけだけの人は、資金不足で未完成のままの家と同じ。玄関は立派かもしれないが、入ってみればただの空っぽ。こういう人とは、挨拶がすめば後はもう話すべきことは何もない。物事をあまり深く見ない人や、自分と同じ見かけ倒しの人ならだますことができるかもしれない。だが、わかる人はその外見に隠された中身のなさにすぐに気がつくものだ。

自尊心を守る

自分に忠実であれ。自尊心が傷つくようなことや、自分の価値観や規範に背くようなことをしてはいけない。自分に課す行動規範は、世間一般の社会規範よりもずっと厳しいものであるべきだ。

自分を気づかうことが一番の歯止めになる。自責の念にかられたり自己嫌悪に陥ったりするような行動は慎もう。自己管理を十分厳しくしていれば、第三者の監視など必要ないはずだ。

辛抱する

待てるようになろう。忍耐心があれば、あわてたり興奮しすぎたりすることはない。

人をコントロールするには、何よりもまず自分自身をコントロールすること。どんな問題でも、ひとつひとつ克服してその核心に到達するには時間がかかるものだ。辛抱して待つことができれば、急ぐよりもっと多くのことが達成できることに気づくだろう。

時がたてば、力まかせに何かをするより多くの進展があるもの。神でさえ辛抱強いのだ。時を味方につければ、どんな障害にも自信を持って立ち向かうことができる。待てば海路の日和あり、というわけだ。

117

敬服する人を見習う

偉大な人物をただ真似るのではなく、敬服する人を見習うことは、自分の目標や理想を設定する上で役に立つ。そしてその人を、自分が達成可能な最高のモデルとして目指す手本にしよう。

アレキサンダー大王がアキレスの死に際して嘆き悲しんだのは、死んだアキレスのためではなく、まだ栄光を手にできない自分を嘆いたのだ。人の名声は、妬むのではなく同じ頂点に達するために自分を鼓舞し野望を燃やすための手立てとしよう。

118

崇高な態度を目指す

立派な人は、行動が立派なのだ。取るに足りないことにこだわりすぎないように。すべてを隈なく知っておく必要はない。悠々とした態度で仕事に取り組もう。

重要度の低いことは放っておけばいい。たいていのことは仲間も気づかないし、ましてや敵にはもっと気づかれずに通りすぎてしまう。賢人はたいていのことを見て見ぬふりをするものだ。

細かいことにうるさい人にならないように。自分の気が滅入るだけだ。同じ問題を何度も蒸し返すのは愚の骨頂。行動にはその人の感情や知性があらわれる。まず、全体像を理解しよう。

119

今の自分に甘んじない

自分に不満を感じながら人生を送るのはつまらないことだが、ひとりよがりはもっと愚かだ。自分自身にとても満足しているという人がいたら、ものを知らないに違いない。

貧しく平凡な自分に甘んじてはいけない。他の人たちの能力に頼って生きていくわけにはいかないのだ。今の自分のいる場所に少し居心地の悪さを感じるくらいがいい。うまくいかないことを予測していれば、何かあったときも避けることができるし、少なくとも弱点を突かれずにすむだろう。

気取らない

立派な人ほど気取る必要などないはず。気取った態度は低俗で人に対しても失礼だ。えらそうな人は周りにとっても、本人にとっても苦痛なだけだろう。見せかけだけで自惚れの強い人は、本当はその見せかけが自分に合わないものだから、それが本来の性質だと周りに思わせておくために膨大な努力を強いられることになる。それなら、自分の美徳は秘めておいて、人から関心を持ってもらうほうがずっと立派だ。

短所をなくすよう努力する

申し分のない人でも、短所のひとつやふたつは抱えているものだ。本人はその短所に執着があるか、あるいはうまく折り合いをつけているのかもしれない。

自分の短所に気がついていても、友人がそれを疎むのと同じくらいに、自分では愛着を持ってしまっているのかもしれない。でも、短所はやはりなくすように努力するべきだ。短所は一番人目につき、自分のいいところまで台無しにしてしまうからだ。

悪い性格を抑える

気取り屋、滑稽、強情、気まぐれ。どれも人として避けたい性格だ。ひねくれ、気障《きざ》、不真面目、お人好しなどの心の欠陥が認められないのと同じこと。このすべてを持ち合わせていたら、心は変調をきたして大変である。

他に誰も導いてくれる人がいないのだから、自制するしかない。自分を抑制し、自分の言うことに耳を傾け、まちがっても自分の支離滅裂さが称賛されているなどとは思わないこと。

123

口にしたことは実行する

立派な人は言動ともに立派なものだ。立派な言葉はその人の頭の鋭さの証しであり、立派な行動はその人の心の正しさの証しである。両方そろってはじめて素晴らしい指導者といえる。喝采を送るほうではなく、送られる人になるよう努めよう。

口で言うのは簡単でも、実行することは難しいことだ。何かを達成することが人生の本質であり、称賛はその飾りにすぎない。行動した結果は残るが、言葉は空中に消えていく。行動はその人の考えが実を結んだもの。賢人の行動はその人の功績だ。

態度を一貫させる

あまり突拍子もない変わったふるまいをしないこと。風変わりな性癖も気取った態度もだめだ。本当に分別のある人はいつも態度が変わらず、変わるとしたらよく考えた上でのこと。

日々態度が変わる人は意見にも一貫性がない。昨日は黒で今日は白、昨日反対、今日賛成というタイプに出くわしたら、近寄らないこと。その人の運も、風のように早く変わるのだから。

人間、二言はないのである。

125

欠点を自覚する

賢人になるための必要条件をすべて備えていながら、ひとつの致命的な欠点のために頂点に手が届かない人が多い。命とりとなる欠点を直そうという気さえあれば、もっと大物になれるだろう。

あまり熱心ではない人、愛想のよくない人がいるが、こういう人はすぐにわかるものだ。高い地位にいれば特にそうだ。こういう欠点はちょっと気をつければ改善できるのに。生まれつきの性質でさえ、関心を向ければ変えられるのだ。

目立ちすぎない

いったん目をつけられると、一番の長所までもが欠点に見られてしまう。変わり者と思われたら、長所のすべてが疑問視される。変わり者はたいてい好き勝手をするものだからだ。

際立った美しさも、他の人の輝きをあまりしのぐようだと、目立ちすぎて反感を買ってしまう。悪事で目立って名を馳せようとするのもよくない。そうやって悪評を手に入れても不名誉なだけだ。

また、たとえ自分の見解が正しくても、それを主張しすぎないこと。他の人はしだいに聞き飽きて、あなたへの評価も下がってしまうからだ。

臨機応変にふるまう

自分の本質を理解し、その指針にしたがって生きよう。自分が納得できるような条件をあまり厳しく言わないこと。今日要求した苦い果物を明日食べるはめになるかもしれないのだから。

自分の望みどおりに環境を変えることはできない。反対に、環境に合わせて自分を変えるのだ。賢人は、状況に合わせて応対の仕方を変えるのが唯一の慎重な行動だとわかっている。

128

見られているつもりで行動する

いつも誰かに見られたり聞かれたりしているかもしれない。ひとりきりのときでも世間に見られていて、あらゆることが明るみに出る可能性があると思って行動しよう。壁に耳あり。悪事は大きくなっていずれ人に知られるものだ。

新しいことに挑戦する

時がたてば、光り輝くものもやがてはその輝きを失ってくる。慣れは感覚を鈍らせ、称賛されなくなってくる。精神力・知性・運などすべての面で、ときどき自分を再生しよう。違う分野で活動するのもいい。以前の分野ではなつかしがってもらえ、新しい分野ではまた称賛されるかもしれない。

さあ、新しいスタートをきろう。

VI

才能を伸ばす知恵

強みを知る

卓越した才能は自分の何よりの資産だ。きちんと評価し、最大限に発揮しよう。自分の強みを知り、磨き、十二分に生かすのだ。

これを怠る人が多いのは残念なことだ。その潜在能力を活かしきることができれば、人生でどれほど多くのことが達成できるか考えてみたことがあるだろうか？

131

欠点を長所に変える

完璧を追求するのは望ましいことではあるが、外面内面を問わず、誰でも何らかの欠点に悩んでいるものだ。また、簡単に直せるような欠点について必要以上に悩んでいる人も多い。

一片の雲が通るだけでも太陽の輝きが翳るように、才能ある人であっても、たったひとつの批判にひどく傷つけられることがある。評判に泥を塗られるのはあっという間、しかもその汚名を人はなかなか忘れないものだ。

だからこそ、欠点を長所に変えられる手腕が大変重要となる。ジュリアス・シーザーを見よ。月桂樹の冠をかぶることで、月並みな容貌をうまくカバーしたではないか。

多芸を磨く

多彩な側面を持つ人は、その側面の数だけ魅力がある。いろいろあってこそ人生は楽しいのだ。自分のさまざまな面を分け隔てなく仲間に提供する人は、みんなを豊かにする。

知性を鍛え、センスを磨こう。人的資源だけでなく、世の中に役立つものはすべて活用するのだ。

133

役割以上のことをする

任務に必要とされる以上の技能を発揮しよう。どれほど高い地位についても、それを上回ろうとする熱意が必要だ。

度量の大きい人は発展を続け、真価をさらに高めていく。一方、器の小さい人はすぐに能力の限界に達してしまい、その後は業績も名声も萎縮しはじめるのだ。

134

いい道具を使う

仕事が終わった後になって道具にけちをつけるのはみっともない。道具にけちをつけるのは、決まって半端な職人なのだ。こういう独りよがりは裏目に出かねない。

可能なかぎり最高の道具を使おう。そのことで自分の手並みの鮮やかさがそがれることはない。それどころかまったく逆なのだ。部下や助手に関しても同じことがいえる。仕事に関する非難も信頼も、受けるのは自分だけ。補佐役は注意深く選ぼう。

135

今いる場所で一番になる

競争で一番になってみると、そこにはさらに手強い相手がいるものだ。先に行動を起こすようにすれば、同じレベルの人との競争でも、その分有利になる。

今いるところで一番になって、群を抜こう。その他はみなひとからげに下位グループになるのだ。二流の中で一番になるほうが、一流中の二番手よりも望ましい。勝った者だけが上を目指せるのである。

136

何でも屋にならない

何でも屋になろうとしないこと。酷使され、あちらこちらで便利に使われてしまうからだ。誰の役にも立たないようでは困るが、みんなの役に立とうとするのもまちがいである。

ひとつの分野で突出できるように自分を鍛え、他の分野での才能発揮は控えめにしよう。松明はきらめくほど、炎が消えるのも早い。

137

自分の力を正確に見つめる

はじめは特に、自分を客観視することが大切だ。誰でも自分を過大評価するものだし、小人物ならなおさらだ。人はみな大きな夢を描き、自分は天才ではないかと思っている。

希望は壮大な期待を抱かせるが、ときにはかなわないこともある。そうすると気力も萎えてしまうものだ。だから、あまり大きな期待を抱かないほうがいい。期待はずれに終わっても寛大に受けとめることができるからだ。一方、目標はやや高めに、達成できる見込みがある程度の高さに設定すること。あまり高くしてしまうと、最初から完全に目標をはずしてしまうことになる。

経験が浅いうちは推測と現実をあっけなく見誤ってしまうから、自分の能力を正確に見積もることがきわめて重要だ。現実にたがわない自画像を描いてみよう。自分を知ることが、愚行への最大の予防になる。

138

才能を演出する

人にはみな人生という舞台でそれぞれの才能を披露し、注目を浴びるときがある。その機会が来たら逃がしてはいけない。毎日成功するとは限らないのだから。

小さなきらめきでも、ちゃんと目立つように披露されればまぶしく輝く。だが見せ物を宣伝するには、それなりの舞台装置と背景幕がきわめて重要だ。素晴らしいかどうかは環境次第。タイミングも大切だ。季節はずれに野外劇を開いてもうまくいかない。

安っぽさや見栄は避けよう。見せ物が低俗になってしまう。また、見せないほうがいいものはうまく隠すのが一番効果的な演出だ。見物人の好奇心をそそってやまないからだ。のぞき見は放っておけばいいが、一度に全部見せてしまわないこと。

そうして大きな成果をひとつ達成したら、さらに同様の成果が続くことを請け合わなければならない。はじめの拍手喝采は次への期待でもあるのだ。

139

新人の利点をうまく利用する

こちらの能力が目新しいものであるかぎり、最高のものとして受けとってもらえる。新鮮であれば、古くて陳腐なものよりも歓迎されるのだ。月並みではあるが、新人のほうが、無気力なベテランより評価してもらえる。最高のものはすぐ手垢がついて色あせ、その栄光ははかない。

自分の売り物は確実に衰えていくから注意して、称賛を得た初期の頃をうまく利用するのだ。はかなく消えていこうとする称賛をつなぎとめ、すべて自分のもとにおいておくのだ。新人の熱意は一時的なもの。情熱はいずれ冷め、若い頃に発奮したものが年をとると退屈になってしまうことを頭に入れておこう。

140

ときに姿をくらます

すでに得ている敬意や名声を高めるため、ときには姿をくらまそう。いつも目の前にいると輝きも薄れるが、不在は磨きをかける。一番の天賦の才能でさえ、繰り返し目に触れてよく吟味されれば魅力を失うものだ。

超然として、かつ人から求められる状態を保ち、名声を守ろう。会えないと思いは募るものなのだ。

VII

成功するための知恵

141

努力する

人生の目的は、自分の歩むべき道を見つけて、できるかぎり完璧な人間になろうと努力することにある。

善意をもって取り組む

知識と善意をもって努力すれば、どんなことからも建設的な結果が得られる。一方で才能や能力に悪意が加われば、とんでもない結果になる。悪意はそれだけで有害であり、知識と結託すればさらに何をしでかすかわからない。善悪の観念なく学問を利用すれば、とんでもない人間が増えるだけだ。

143

自ら運命を切り開く

賢人は、何ごとにも偶然はないことを知っている。

誰にでも幸運をつかむ能力は備わっているのだ。ただし運命にじっと身を任せるよりも、自ら運命を切り開いていく人になろう。真価と勇気を発揮して、望むものを手に入れよう。よく考えれば、チャンスに敏感でいること以外に成功への道はないことがわかるはず。知恵を備えていることが最大の幸運であり、それがないことは最大の不運だ。

運のめぐり合わせを知る

自分の運勢を知り、幸運は最大限に利用し、不運は断ち切ろう。運を知ることは天気を予想することより重要だ。運には対処のしようもあるが、天気はどうすることもできないのだから。常に用心していれば、運の形勢を自分で変えられるようになる。

必要なときは辛抱が肝心。幸運は気まぐれで、曲がりくねった道を横切ったりするので、追うのが難しいかもしれない。勇敢で行動的な人は幸運を引きつけるが、惰性で生きているような人は幸運に避けられてしまう。運が向かなくなってきたと思ったら、進路変更をしてそれ以上の悪化を避けよう。

145

不運にくじけない

災いは決して単独ではなく、集団でやってくるものだ。喜びも運不運も同じこと。似たもの同士引かれ合うのだ。

一度うまくいかないと、悪いことはさらに起こる。不運を呼び込まないようにしよう。一度呼び込むと少しのつまずきではすまず、完全に打ちのめされるまで続く。良いことは最後までずっといてはくれないが、悪いことはいつまでも終わらないように思える。

不運が天から降ってきたら、辛抱強く好転するのを待とう。この世に原因がある不運なら、知恵を絞って立ち向かおう。

146

運が尽きる前に手を引く

今うまくいっているのであれば、そろそろ引き際かもしれない。退却すべきときを心得ていることは、攻撃すべきときを心得ているのと同様に重要だ。

幸運が相も変わらず続くようなときは疑ってかかろう。たえず変化する運のほうが自然で信頼できる。何といっても、ところどころで挫折があったほうが勝利はずっと甘美なのだから。幸運はいつまでも留まったりしないものだ。おんぶにだっこでは運も疲れてしまう。だから、運があるうちに味わい、最大限に生かそう。引退は、成功している間にするのがベストだ。

147

絶頂期を見きわめる

物事はその最高の状態で味わおう。物事にはすべて盛りがあり、この世のものすべてに満ち欠けがある。その周期を知り、最高潮のときにつかみとって、うまく利用するのだ。それができるのが、真の教養あふれる優れた人の証し。人の心にも浮き沈みがあり、山もあれば谷もある。自分の絶頂期を見きわめ、その機会をうまく利用しよう。物事にはすべて盛りがあるのだ。

148

計画を着実に練る

新しい計画にとりかかる前によく考えること。自分の仕事を永く残したいのなら、せめて今ある時間を割いてしっかりと計画を練ろう。あわててやってしまったことは、取り消すのにてこずることになる。

価値あるものは労力もかかるもの。価値のある貴金属は、比重が大きくて溶解しにくい金属だ。急いては事をし損じるのである。

149

ゆっくり急ぐ

頭を使って計画を練ったら、次は懸命に計画を実行する番だ。

ただし、早まってはいけない。予想して備えておくのが当然の問題点にも気づかないようでは困る。用心を怠らず、必要なら立ち止まってよく考えること。もちろん、あまり長く立ち止まりすぎてもいけない。ぐずぐずしていると計画全体が止まってしまうからだ。ゆっくり急ごう。

150

重要なことから始める

楽しいことを先にして難しいことは最後まで延ばし延ばしにする習慣を断ち切ろう。重要なことはいつも最初に着手し、その他のことは後からだ。まず戦わなければ、勝利の喜びもありえない。

ささいなことでぐずぐずしていると大切な勢いを失い、手に入るはずの成功や名声が得られないまま能力が衰えてしまう。正しく生きるために価値観を身につけよう。

失敗を恐れない

過信しないように、簡単な仕事でも十分な配慮をすること。難しい仕事の場合は、失敗を恐れないことが大切だ。

先延ばししていては何も成就できない。だが、自信を持って取り組めば不可能に思えたことでも達成できる。あれこれ考えて時間を無駄にしないこと。そうでないと、起こりうる問題について心配するあまり、そもそも取りかかる前に思いとどまってしまうことになるからだ。

152

すぐに着手する

賢人は何事もはじめからきちんと行う。左右を取り違えたり本末転倒になったりするような人には、計画を進めることは難しい。こういう人に責任をとらせる方法はただひとつ、物事を正しい状態に戻させるしかない。

とるべき方法をすぐに理解して喜んでやるほうがはるかに賢明だ。はじめが良ければ半分成功したも同然。

153

チャンスを逃さない

記憶するのは受動的で簡単な行為だが、考えて理解することはずっと大変な行為だ。

チャンスが到来しても捕えそこねてしまうのは、それがチャンスだとわかっていないから。チャンスを理解することは、知性の中でも最も重要な能力のひとつだ。この能力に欠けていると、何度もチャンスを見逃してしまう。

チャンスは、二度は訪れないのだ。

154

見せかけだけではなく結果を出す

たいしたことが達成できない人は、その精彩を欠いた成果を大きく見せようとするものだ。頭を使って自分のやったことが立派に見えるように仕向ける。ほめてもらいたくて、みんなのユーモアのセンスに訴え、人の注意を物乞いのように拾い集める。

本当に何かを達成した人は、このようなわざとらしい態度をとる必要がない。業績が自分の代わりに物語ってくれるから安心だ。自慢したり書いて残したりする必要もない。

英雄に見せかけるのではなく、真の英雄となるよう励もう。

155

未知の領域では慎重に進む

軽率な行動は愚か者のすることだ。重要な場面では、早まったり、向こう見ずな行動をとってはいけない。

賢人は根気強く、展望を観察したり偵察させたりして時機をうかがう。危険を冒さずにいけると確信できてはじめて、未知の領域に突き進むのだ。ときには無謀で不注意な人でも運が幸いすることがあるかもしれないが、たいていはうまくいかない。

障害が多いことがわかっているなら、手探りしながらゆっくりと進もう。

156

逆境に備える

順調なときこそ逆境に備えよう。夏の間に冬に備えて蓄えておいたほうがいい。景気のいいときはいくらでも助力や援助を受けられるが、そうした好意は、本当に必要となる不景気なときにとっておこう。いつも誰かに貸しをつくっておくこと。

157

競争を避ける

競争に加わると、評判を落とすことになる。相手は競争に乗じてこちらを出し抜き、身ぐるみ剝ごうとするだろう。名誉ある競争などめったにない。仲が良いときには目立たなかったあらも、競争はあらわにしてしまう。

相手が誰であれ、名声を得るために競い合う必要などない。競争に加わってしまえば、双方が誰かれかまわず味方に引き入れようとするために、非難中傷があちこちから聞こえてくるようになる。勝てる見込みがないとわかると、相手はますます恨みを募らせ、勝つための手段を選ばなくなるだろう。そもそもの発端だけでなく、何かにつけ信用を落とそうと企むのだ。

いつも平和で寛大な心でいよう。そうすれば、評判も面目も保つことができる。

158

どんなときでも立派に戦う

戦いは避けられないことがあるかもしれないが、誇りを放棄してしまうことはない。卑劣な手を使って勝ち誇ったりしないこと。そのことで信用を失うかもしれないし、他の戦いで同じ手は使えないかもしれないのだ。

欲しいものを手に入れるために、規則違反の手段をとったり、人を不正に利用したりしないこと。自尊心に背くことは自分の評判を落とすだけで、得るものは何もない。

先を読む

明日の計画、さらにその先の計画を今立てておこう。起こりうる問題点の予防策を講じておけば、かわせるかもしれない。備えがあれば、対処できないような不測の事態はありえない。先手さえ打っておけば、障害があっても大丈夫。

何かに取りかかる前にひと晩よく考えるほうが、後になって気がかりで眠れなくなるよりもいい。先に行動を起こして後から考える人は、結果云々より言い訳ばかりしている。

正しい道を進むために、いつでもよく考えることが大切だ。熟考すること、常に先を見すえること。このふたつこそが人生に自由を与えてくれる。

蓄えを用意する

持てる資源のすべてを一度に使い切ってしまわないこと。今の境遇を保ちたいなら、後方に蓄えを用意しておこう。失敗のおそれがあっても、利用できる援軍があればこちらの力は倍となる。

後方部隊は、前線より重要とさえいえるだろう。彼らは信頼と不屈の精神で成り立っているからだ。

常に大事をとることを考えよう。

161

名声への道をバランス良く進む

名声を手にできるかどうかは実力次第。真価のある人が努力すれば、第一人者になれる日も近い。立派なだけでは不十分だが、がむしゃらすぎるのも見苦しい。自分の名を汚し、ひんしゅくを買うことになるからだ。

才能の発揮と、望む地位を目指して前進することのバランスをとるのが賢明だ。

162

良い評判を手に入れる

良い評判を得るまでは大変な道のりだ。評判の良い凡人がほとんどいないことからもわかるように、よほど卓越した業績がなければ、評判は手に入らない。評判は名声の前借りというわけだ。だが、一度好評を得られれば、そこに留まることはそう難しくはない。一度獲得すれば、良い評判を維持することは簡単なのだ。要求されることも多いだろうが、手にする利益も大きい。

あなたが威厳にあふれているのは、周囲から尊敬される地位についている時期だけだ。しかし、深く根づいた評判だけは、その先もずっと続いていく。

163

ひけらかさない

地位や業績を鼻にかけて注目を浴びようとしないこと。妬みを買うことは、すすんで憎まれるのと同じである。自分を誇示したり敬意を要求したりしても、人からの尊敬は得られない。尊敬は辛抱強く努力して手に入れるものなのだ。

真価を発揮し、自分の役目を果たすことで尊敬を勝ち得よう。自分の地位なら尊敬されて当然という態度は、実は尊敬に値しないことを証明しているにすぎない。一国の王でさえ、たまたま王に生まれたからではなく、自分の真価によって崇められたいと願うものだ。

164

忠告に耳を傾ける

好意的な忠告を自分の役に立てられないようでは、あまり立派とはいえない。人の言うことに耳を傾けようとしないのは、どうしようもない愚か者だ。国を治める者でさえ、識者に意見を求めることを欠かさない。ばかな真似はよせと仲間が警告しているのに、破滅への道に飛びついてしまう者は救いようがない。

頂点に達した人でも、友人に門戸を開けておくべきだ。どうしようかと悩んだり非難を恐れたりせずに、遠慮なく意見を言ってもらえるように。ただし、この門戸を利用できるのは信頼できる少数に限ろう。来る者みんなに耳を貸すことはない。必要なときは、ありがたくこの相談相手の指摘を受け入れよう。

165

いつも何かに思いこがれる

すべてを手にするのは不幸なことだ。思いこがれるものがないと精神は活力を失い、すべて達成してしまえば、どれもが灰と化してがっかりする。

精神を生き生きと保つには、情熱と好奇心が必要なのだ。満足しすぎることは不運だ。望むことが何もないと、今度はあらゆることが心配の種になるからだ。欲望がなくなったとき、心配が始まるのだ。

最後までやりとげる

細心の注意を払って計画を立てても、それだけでは実行したことにはならない。こういう人は何も達成できないし、名を上げることもない。計画は、どれほどうまく考えたものでもそれ自体では実行はできないのだ。

障害を乗り越える努力はしても、その成功に甘んじてその後何もせず、最終段階を見届けることがないようではいけない。こういう人は、能力はあるのに決意に欠けるため、信用されない。目標が価値あるものなら、最後までやりとげるべきだ。目標は必ず達成すること。目標を立てただけで満足していてはだめだ。

167

危機をチャンスととらえる

必要に迫られて、大きなことをなしとげることがよくある。泳げない人でも、溺れ死ぬかもしれない状況では泳げるようになる。勇気は必要なときにはじめて発揮され、緊急時には普段想像もできないような力が出せるものだ。

危機は名声を得るチャンス。気高い人なら、追いつめられたときこそ無限の力を発揮する。人は対決をへて偉大になるものだ。

VIII

良く生きるための知恵

168

鳩と蛇の生き方に学ぶ

鳩のように無邪気なのも結構だが、ときには蛇のような鋭敏な狡猾さも必要だ。正直者はだまされやすい。絶対にうそをつかないような人は、人のうそにだまされてしまいがちだ。つまり、だまされることは愚かなのではなく、誠実さの裏返しである場合が多い。

だまされないようにうまく身を守る人には二通りある。だまされて経験から学ぶタイプと、自分がずる賢くなって人をだますタイプだ。人の不正行為を許してしまうほどばか正直になってはいけない。それより、鳩と蛇それぞれの良い点を取り入れよう。変人ではなく、賢人になるのだ。

169

財産よりも名誉を選ぶ

財産は消えてなくなるが、評判は一度手にすれば永続する。富は生きている間だけだが、名声は後世に残る。富はねたみを買い、名を上げることは関心のない人にはどうでもいいことだ。

そして、評判は努力の結果もたらされる。人はその行動の中身に応じた評判を手にするものだ。評判がたつのは、称賛される天才であれ、忌み嫌われる極悪非道の者であれ、とにかくずば抜けて非凡な人だけだ。

170

ほどよく協調する

最近ではごまかしの一切ない人生を送ることは難しいようだが、ずる賢く生きるよりは配慮して生きるほうがいい。誠実もほどほどにしてお人好しにならないように。また、知性を権謀術数に使わないこと。

親切な人は好かれやすいがだまされやすい。また、ずるい部分は見せないようにしよう。現代には裏表のある人がはびこっているようだが、いかがわしい見せかけだけの人物でなく、立派で信頼できる人物と評されるように努力しよう。

平穏に生きる

心穏やかに生きる人は、長生きできるばかりか、日々の生活を制する力を持つ。今何が起こっているのかに注意を払いながらも、自分と無関係なことに口を差しはさむのは控えよう。ストレスがなければ、その日の夜はぐっすり眠れる。喜びに満ちた人生は二倍生きるようなもの。これは平穏な心に対する報いだ。

自分に関係のないことに口出ししなければ、すべてが手に入る。目にすることすべてに関わろうとすることほど無駄なことはない。

無関係なことに心を寄せるのも愚かなら、自分の問題に無関心でいるのも愚かなことだ。自分も生き、他をも生かしめよ。

愚かな生き方を続けない

過った道にいったん入ってしまったら、そこを歩み続けないといけないと思っている人がいる。過ちに気づいていながら、世間にはこの道で正しいというふりをする。自分の過ちを認めれば軽率と見なされると思っているのだ。ばかげたことだ。間違った判断をしたからといって、それを続けなければいけない義務は全然ないのだから。ばかなふるまいに関しては一貫性などないほうがいいにきまっている。

173

大きな賭けをしない

賭けるものが大きすぎると、取り返しのつかない損失を被るかもしれない。過ちを犯すことはごく簡単なのだ。

始めたばかりならなおのこと。時機を待ち、はじめは用心深く行動して、次の機会を確保しよう。物事はすべて運次第。賭けは最後に必ず負けるものだ。

174

ときには放っておく

ことが最も深刻なときは、次第におさまるよう、放っておくという判断を下すのが一番だ。治療行為が病気を悪化させるのはよくあること。利口な医者は、治療しないほうがいい場合があることをわかっている。病気が自然治癒するものかどうかを見分けることは、医者の一番大切な才能だ。

自然に落ち着くのを待とう。つまり、神に任せるのだ。泥で濁った池も、そっとしておけば澄んでくる。混乱が続くようなときにとるべき最善策は、自然に元どおりになるまで放っておくことだ。

175

ツキがないときを知る

何もかもがうまくいかないときはある。二度やってみてだめだったら、そういう日だと思ったほうがいい。

良い結果を得るには、どんなことでも幸先の良い日に始めるべきだ。特に問題もなくいつも物事がうまくいく人もいれば、さんざん努力したにもかかわらず、どうもうまくいかない人がいるのは、要はツキの問題なのだ。自分の幸運の星が輝いたら、そのタイミングを無駄にしないで、うまく活かそう。

さらなる活躍のために土地を移る

生まれ育った土地には、貧しい生い立ちやひ弱だった自分の思い出があるものだ。高い地位に出世すると、故郷の人々は嫉妬深い継母のようにこちらの才能を妬むようになる。だから、もっと活躍するには、場所を移るのが一番だ。ちょうど、外国からやってきた植物がよその土地でもっと花をつけるように。

人はよそからきたものを大事にする。輸入のガラス製品も、磨いてダイヤモンドのように扱う。かつて仲間うちでは侮られていたが、今日では世界中に名を知られているような人はたくさんいる。田舎者にすぎなかった自分を知る人たちに、神聖なオリーブの木に対するような敬意を期待してはいけないのだ。

変化や転機を意識する

人には七年ごとに転機があるという。これを精神向上のための目印としよう。最初の七年は知性の誕生で、その後七年ごとに新しい美徳が輝いてあらわれるのだ。この間に起こる変化を意識して、うまくいくように手助けしよう。

変化は新しい地位や仕事などの形でごく普通にあらわれるかもしれないが、かなり大きくなるまで気がつかないときもある。人は、二十で孔雀のように気どって歩き、三十で獅子のように吠える。四十で駱駝のように節制家となり、五十で蛇のような陰険さを身につける。六十はくだらない犬、七十はずる賢い猿、そして八十は……、何も言うまい。

堂々と退場する

堂々と退場することは、登場よりも重要だ。威風堂々と入ってくる人は、去るときはきっと惨めなはず。役者は誰でも登場したときに拍手で迎えられるが、満場の拍手喝采の中で退場できるのは優れた演技を見せた者だけである。最終幕後に残る印象こそが目指すべきもの。もしアンコールの声が湧いたら、それこそ実に素晴らしい、願ってもない結末だ。

179

斜陽の姿をさらさない

忘れ去られてしまうより、自ら去るほうがいい。華のあるうちに身を引くことが重要だ。太陽でさえも雲の陰に隠れると、沈んだのかどうかわからなくなる。引き際を見誤ることは雲の陰にある太陽と同じ。生きているうちに人々に葬り去られてはいけない。調教師はレースに勝っているうちに馬を引退させ、美女は美貌が衰える前に人前から姿を消す。

180

満腹より空腹を選ぶ

甘美なものは最後の一滴まで味わうのではなく、まだ残っているうちに留めておこう。渇望も欲求も完全に満たしてはいけない。欲しいと思っているうちが味わい時なのだ。

いいものは何でも、少しだけ味わえば喜びも倍になる。多すぎれば喜びの質が下がるだけだ。招待してくれた人を喜ばせるには、全部食べてしまわないでおいとますること。満腹で飽き飽きするより空腹を我慢するほうを選びたい。

幸福は、それを求めて苦しめば、いっそう楽しいものになる。

善を持って生きる

善を持って生きることで人は完成する。

善のある人は先を見通し、理解し、知恵と勇気を持つことができる。親切で正直、そして用心深い人はみんなから崇拝される。高潔、英知、理解は幸せの根幹だ。善はこの世を上から照らし、安らかな心で覆ってくれる。そのまばゆい美しさは神にも人にも等しく崇拝されるだろう。

善のない美はなく、悪のない醜もない。善は英知の神髄で、それ以外のものはすべて愚かなことだ。人が偉大かどうかは善で判断するもので、財や富ではかるものではない。善はそれだけで足れり。生きている間に愛され、亡くなってからも忘れられないのは善のある人だけだ。

バルタザール・グラシアンの賢人の知恵 エッセンシャル版

発行日 2018年8月30日 第1刷

Author バルタザール・グラシアン

Translator 齋藤慎子［編集協力：（株）トランネット］
Book Designer カバー 廣田敬一（ニュートラルデザイン）
本文 山田知子（Chichols）

Publication 株式会社ディスカヴァー・トゥエンティワン
〒102-0093 東京都千代田区平河町2-16-1
平河町森タワー11F
TEL 03-3237-8321（代表）
FAX 03-3237-8323
http://www.d21.co.jp

Publisher 干場弓子
Editor 藤田浩芳 千葉正幸 渡辺基志

DTP アーティザンカンパニー株式会社
Printing 日経印刷株式会社

ISBN978-4-7993-2318-2